What to Do When Bad Habits Take Hold

壞習慣改不掉
怎麼辦？

幫助孩子克服咬指甲等壞習慣

Dawn Huebner 著

Bonnie Matthews 繪圖

陳信昭 審閱 / 陳碧玲 陳信昭 譯

自然就好心理諮商所 策劃

嚴選權威機構美國心理學會APA出版 品質保證 佳評如潮

榮獲亞馬遜網站/Barnes&Noble **5顆星評價**

兒童精神科醫師 **蔡幸芳、林璇音** / 諮商心理師 **曾正奇、陳聰興**

| 專業推薦 |

What to Do When Bad Habits Take Hold

Take Hold

A Kid's Guide to Overcoming Nail Biting and More

by Dawn Huebner
illustrated by Bonnie Matthews

目　錄

給家長及照顧者的話……7

第一章　　　開始囉！……11

第二章　　　鎖得緊緊的……19

第三章　　　一號鑰匙：擋住它！……25

第四章　　　二號鑰匙：好忙、好忙！……35

第五章　　　三號鑰匙：抓呀！扯呀！嚼呀！……43

第六章　　　四號鑰匙：醒來、起床、振作……49

第七章　　　五號鑰匙：排除壓力……57

第八章　　　通通一起用……65

第九章　　　進展如何？……71

第十章　　　保持自由……77

給家長及照顧者的話

不要咬指甲！

不要挖鼻孔！

不要抓皮膚！

不要扭捲頭髮！

不要咬衣角！

不要拔眼睫毛！

不要吸拇指！

好累人啊！不是嗎？

現實的情況是，你可以不斷提醒你的孩子，從現在一直到時間的終結。你用懲罰來威脅，或用獎勵來利誘。你嘗試用盡各式各樣的語氣去說他，用冷靜的聲調、用堅定聲調、或者完全沒有聲

音……。可是，一點用都沒有！

我們都知道，要馬上停止一個壞習慣是幾乎不可能的事。想想看，不把另一片餅乾塞到嘴裡、不對你的孩子大吼大叫、不咬牙切齒，會是什麼樣的情況？這需要很大的決心，而有時候這決心是很難衡量的；同時還需要花很大的力氣，而這力氣又常常難以維持下去。另外，即使花了力氣，也下了決心，還是很難說改就改！

對大人而言很難，對小孩也是——對於那些似乎不能停止啃指甲、咬衣服、吸拇指的孩子們而言，這也一樣，無論他們怎麼想辦法努力，就是很難說停就停！

但你知道，這類習慣可能對孩子造成困擾。他們指甲旁的外皮又流血又痛。頭上有一塊光禿禿沒頭髮的頭皮，皮膚變得龜裂，被蚊子叮的包包受到感染，腳趾甲往內生長，頭髮糾結成團。而這，會沒完沒了。因為即使會造成傷害，即使會很痛，他們還是不斷又抓又摳，又扯又磨、又啃又咬——直到這些動作變成自動化的行為為止。而到那時候，習慣就鎖死了。難怪很難停得下來。

這就是為什麼這本書並不談關於停止壞習慣的原因。這本書完全不會提到意志力，一次都不會提到（除了這裡之外）。相反的，我們的焦點放在解開綁住壞習慣的鎖鏈而脫離壞習慣。

本書為孩子呈現一套策略，這些策略以鑰匙的形式出現，而這些鑰匙是專門為了用來打開綁住壞習慣的鎖鏈而設計的。這些方法經過科學證明是有效的；且呈現的方式既有趣又可行。

當孩子要做一堆事情時，身為家長或照顧人員的你，可以協助他們。請和你的孩子一起閱讀這本書，每次只要讀一至二章就好，並

依照指示去執行所有的活動；這一切會讓你的孩子對情況有更深的了解，並幫助他們從「知」轉到「行」。本書清楚地解釋了轉移的方法，並介紹一套獎勵系統，以幫助這過程能順利進行。

請注意，你獎勵的是孩子有努力使用他們所學到的東西——而不是他們的指甲有多長或皮膚有多光滑。持續不斷使用這些「打破壞習慣的策略」才是成功的關鍵，而這比讓指甲長長，讓頭髮變滑順更有意義，尤其在一開始的階段。

沒有多少證據顯示本書中所討論的這類壞習慣暗示著孩子們有根深蒂固的情緒問題。那些啃指甲、吸拇指、或扭捲頭髮的孩子所承受的壓力，並沒有比他們的同儕來得多，雖然他們看起來似乎需要這些習慣帶來的肢體知覺來調整自己的內在狀況。對孩子而言，習慣有鎮定的作用。即使這些習慣在你看來很有關係，但這並不一定表示你的孩子的確有情緒上的困擾。

但這也不表示所有有壞習慣的孩子都很好，並不是每個孩子都很健康的。如果你發現一些壓力的徵兆——例如常常感到擔心、完美主義的行為、變得軟弱想哭，或有睡眠方面

的問題——很有可能你的孩子的確需要額外的協助。雖然本書可以幫助你的孩子學習如何更有效去管理某些感覺和問題，但如果這對孩子的生活造成嚴重干擾，請和醫師商討，並決定孩子是否需要接受專業的協助。

如果你的孩子使用很尖銳的物品去做這些動作，或染上一些使你吃驚的習慣，請立即尋求醫療協助。如果你發現某個習慣看起來很不尋常——不停地聳肩、清喉嚨、或做鬼臉——也請與孩子的醫生進行商討，以確定這些動作是否實際上可能是一種抽動症狀（tic）。孩童時期有抽動症狀是很尋常的事，而只有在特殊情況下，才會建議要努力停止或改變這些動作。且本書中所描述的方法與用來治療抽動症狀的方法並不一樣。

但如果你的孩子有以下這些常見的習慣，例如啃指甲、吸拇指、扭捲頭髮、摳疥癬或蚊子包、咬衣服、挖鼻孔等等，那麼看這本書就對了！長期執行本書中所介紹的策略，能夠幫助你的孩子掌握一些看起來似乎是不可能的事：即脫離那些討厭的習慣。

而你一天到晚叫他不要做這、不要做那的情形呢？就不用再發生了！

第一章

開始囉！

回想一下你還是小嬰兒的時候，剛開始學走路的時候，剛開始學說話的時候。這世界看起來**大得不得了**，而且還有點可怕。即使你想嘗試，但還是有很多事情沒辦法做。

你沒辦法綁鞋帶。

沒辦法寫自己的名字。

甚至沒辦法將湯匙準確放到嘴巴裡。

那些事簡直太難了，而這種情況維持了很長一段時間。

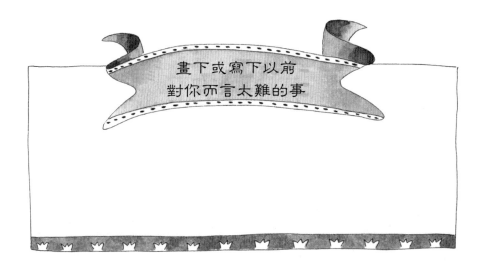

畫下或寫下以前
對你而言太難的事

但接下來你開始學習。你學會怎麼綁鞋帶和寫自己的名字；學會正確地吃東西；學會走路、說話、將數字加在一起；學會招手指讓它發出響聲以及刷牙。

而且你學的每一件事，即使有一些事你已經不記得自己有學過，都是每次只學一步。

　　拿洗手這個動作來說，沒錯，即使洗手，以前對你來說也是一件難事。有好多個步驟。你打開水龍頭，擠出一點洗手乳，雙手互相搓一搓，然後再沖乾淨。現在對你來說，這很簡單！你甚至連想都不用想就完成了所有的動作。可是如果你站在一個公共廁所裡，就會聽到正要把孩子抱靠近洗手台的父母對小孩說：「雙手要互相搓一搓喔！」這是因為年幼的兒童不知道他們該這樣做的緣故。

　　可是，你知道。你之所以知道是因為以前有人教過你。然後你一遍又一遍地練習。你練洗手練了很多次，於是它就變成了一個習慣。

　　所以，習慣是那些你完全想都不想，就一次又一次去做的事。

出門上學前拿起書包是一種習慣。同樣的，坐下來吃飯時要找餐具，或將名字寫在考卷上，也是一種習慣。甚至在入睡前把身體捲曲成你最喜歡的姿勢，也是一種習慣。你可能有成千上萬個習慣。每一個人都一樣。

　　想一想你用某種方式去做的事。

　　一些你完全想都不想就會一次又一次去做的事。

將這些事畫或寫在這裡

人們都會努力學些好的習慣。也許你的父母有一些好習慣，而他們希望你能學起來；這是一些他們現在還在提醒你、卻希望你以後有一天能自己做的事。

以下是一些有幫助的習慣。

如果你已經有其中一些習慣或正努力地學，就在它前面打勾：

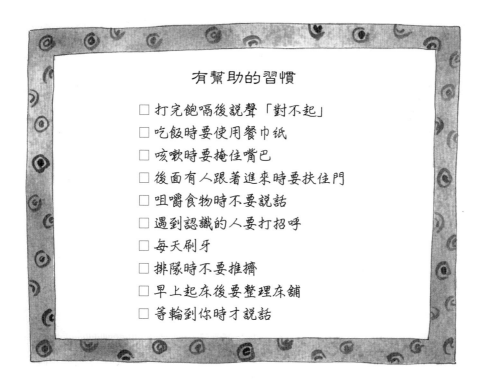

這些都是有幫助的習慣。有幫助的習慣是有禮貌的行為，或可以讓你保持健康，或讓你的日子過得更順利的習慣。有幫助的習慣是要維持下去的好習慣。

可是，還有另一種習慣。

一些不那麼健康的習慣，會替別人製造**問題**的習慣。我們大部分人都有一些這種不這麼有幫助的習慣。

想一想你認識的那些人：大人、小孩、甚至你自己。如果你知道至少有一個人在做下面這些事，就在它前面打勾：

不這麼有幫助的習慣

☐ 沒有人在房間時，燈還開著

☐ 啃指甲或摳指甲

☐ 滿嘴食物時說話

☐ 吸拇指

☐ 把髒衣服丟在地上

☐ 不停轉弄頭髮直到糾結成團

☐ 咬衣服

☐ 摳傷口、蚊子包、或結痂，直到流血

☐ 上完廁所忘了沖水

如果你正在看這本書，很有可能你有一個這種不這麼有幫助的習慣。

恭喜你！不是恭喜你有壞習慣啦！而是恭喜你承認自己有壞習慣。有些人會試著假裝他們的習慣一點都不是壞習慣。如果你仔細想想的話，會覺得這還滿可笑的。

有些人會對他們的壞習慣感到很羞恥，也許因為這些習慣會招來許多不好的反應。

也許你已經嘗試過要停掉自己的壞習慣。也許還試了很多次。猜猜看怎麼樣？你不用再試了！

沒錯！從現在開始，你不必再努力停止吸拇指，不必再努力停止啃指甲。無論你有什麼壞習慣，你都不必再努力停止它。因為要立刻**停掉**一個習慣是幾乎不可能的事。

但要養成一個新習慣，而且讓這個新習慣代替舊習慣，卻是可能的事，而且非常、非常可能。所以那個舊習慣就不再對你造成任何困擾了。

很多孩子都已經學會這樣做。你也可以！請繼續往下閱讀，你就會學到該怎麼做。

第二章

鎖得緊緊的

很久以前，你的習慣原本還不是一個習慣。那只是你做的一件事，而且就只做了那麼一次。

有那麼第一次，你把大拇指塞到嘴裡，或拔了一根頭髮，或咬著你的衣服，或啃掉一小片指甲。而那個第一次，無論你做的是什麼，它都幫你做到一些事。

你第一次啃指甲的時候，也許只是試著要把一個粗糙不平的地方弄平。

你第一次拔下一根頭髮時，也許只是試著要除掉一根比較粗的頭髮，或比較短的，或形狀比較扭曲的頭髮。或許你也只是無聊，並開始玩弄自己的頭髮，而拔下一根頭髮讓你有點事情做。

身體習慣通常在你需要做到某些事時開始。你需要修理某個東西、撫摸某個東西，或要完成某件事情。

拿挖鼻孔這件事來說。如果你很喜歡挖鼻孔，你一定已經發現，用手指將塞在鼻子裡那硬硬的一團東西挖出來是很方便的事。你把指頭伸進鼻孔裡，不管裡面有什麼，都將它挖出來（或只是要探看看裡面有沒有東西），然後你就覺得舒服多了。

無論哪一種身體習慣，都是這樣運作的——啃指甲、吸拇指、和其他的習慣。所有的身體習慣都讓某些事完成，這就是爲什麼很難停掉這些習慣的原因。如果你不挖鼻孔的話，又怎麼能清掉鼻屎呢？如果你不啃指甲的話，又怎麼把參差不齊的邊緣弄平呢？

　　這就是養成新習慣派得上用場的時候。要改掉舊習慣的最好方法，就是想出一些可以完成同樣事情的新動作，並不斷練習這個新的動作。

　　例如：擤鼻涕是清掉鼻屎的另一種方式。這個動作比用指頭去挖鼻屎複雜一些，所以你會需要練習，但它一樣可以把鼻子清乾淨。而且如果你不斷一次又一次地做這個動作，最後擤鼻涕就代替了挖鼻孔的動作。看——一個新習慣就這樣養成了！

啃指甲也是一樣的。還有吸拇指、扭捲頭髮、咬衣服，和抓皮膚，任何你能想得到的身體習慣都是一樣的。你可以用新習慣來取代舊習慣。

　　好吧！你是對的，是會比較複雜一點點。要真的停止挖鼻孔而且養成新習慣，要做的事情不只是把衛生紙盒放在附近而已，也不只是要決定擤鼻涕就可以了。

　　那是因為這些習慣可以幫你做到很多事，即便它是個壞習慣。

讓我們繼續談談挖鼻孔這件事。挖鼻孔不只是將鼻子清乾淨而已，它還讓你的手一直有事做，摸一摸會痛的地方，或甚至可以幫助你集中精神。扭捲頭髮、咬衣服、和其他習慣也是如此。

你可能會懷疑這本書真的能幫助你改掉壞習慣嗎？因為啃指甲和咬衣服不一樣，而咬衣服又和吸拇指不一樣，而吸拇指又和摳蚊子包或瘡疤不一樣，以此類推。所以，怎麼可能一本書就能對付所有這些習慣？

沒錯，一本書就可以的，因為所有的身體習慣——所有的——都以同樣的方式幫助孩子。但結果這些習慣卻被**鎖**得緊緊的，即使你想掙脫它也沒辦法。

當然，除非你有鑰匙。

因為無論你的習慣有多特殊，都可以用一套鑰匙來打開鎖緊這些習慣的鎖鏈。事實上，是五把鑰匙。無論你的習慣是啃指甲、或吸拇指、或咬衣服、或扭捲頭髮，或任何其他身體習慣，都可以用同樣的五把鑰匙來讓你得到自由。

第三章
一號鑰匙：擋住它！

你有名字。你認識的每一個人都有名字。

　　天竺鼠有名字。小狗、小貓、馬兒，也有名字。

　　街道有名字，州有名字，國家也有名字。電視節目、歌曲、餐廳裡人氣最旺的三明治也有名字。鑰匙也有名字。沒錯。（至少本書中的鑰匙是有名字的。）你的任務就是找出這些鑰匙的名字。

解開這個謎語來找出第一把鑰匙的名字。如果你認為已經知道它的名字，請翻到下一頁。

第一把鑰匙

的尾音是尢，

和它押韻的

有棒、長、和幫

你知道

它就是

＿＿ ＿＿ ＿＿ ＿．

你的第一把鑰匙是「阻擋」（ㄗㄨˇ　ㄉㄤˇ）。

阻擋的意思就是你阻攔或擋住某些事情，不要讓它發生。

在遊行開始之前，警察會將一些道路阻擋起來，不讓車子通過。

看電影時，個子很高的人可能會擋住你的視線。

現在你，你要學會阻擋自己的習慣，因為這就是這把鑰匙的功能。

阻擋一個習慣的意思是，做一些能夠擋下這個習慣的事。「阻擋」這件事能幫助你發現自己正在做的動作，所以你能改去做一些其他的事。

你可以在指甲上貼一片OK繃來阻擋啃指甲的習慣，或在上床睡覺時戴一雙輕便的手套來阻擋吸拇指的習慣。你可以在眼睫毛上塗一些凡士林（這讓你抓不住眼睫毛），來阻擋拔眼睫毛的習慣；或將蚊子包貼起來，來阻擋摳蚊子包的習慣。

你也許注意到，平常這些習慣所接觸到的身體部位，和周圍其他部位比起來，會覺得**不一樣**。它摸起來硬硬的沒感覺，或刺刺的，或會痛。你知道嗎？這種不一樣的感覺就是讓你保持這習慣的部分原因。知道了這一點，你也許會很驚訝吧！你會被這種有奇怪感覺的地方吸引。你喜歡用手去摸它，或將它放到嘴巴裡。這樣做會痛，需要輕輕地摸；或這樣做很有趣，讓你想進一步探索它。在你知道發生什麼事之前，你又在做這個習慣了。

可是當你使用這把「阻擋」的鑰匙去擋住你的習慣時，你的指甲或頭髮又開始再長出來。你的皮膚會開始痊癒。那些粗糙、刺刺、或疼痛的身體部位又開始變得光滑平順。然後你就不會再被它們吸引，因為這些地方摸起來就會和身體的其他地方都一樣了。

「阻擋鑰匙」是改掉習慣的重要第一步。所以，讓我們來看看要怎樣讓它對你產生作用。

 將你的習慣寫在下面框框的最上方。

 列出你在做這個習慣時會用到的身體部位和物體。

吸拇指
拇指
嘴巴
毯子

咬衣服
嘴巴
衣領
衣袖

拔毛
手指
鑷子
鏡子

咬指甲
指甲
外皮
嘴巴

挖鼻孔
手指
鼻子

摳皮膚
手指
瘡疤
繭

看一看你剛剛列的清單。你能想出一個方法來阻擋你的習慣嗎？例如：將你會使用到的部位或東西蓋起來或改變它？

舉個例子，如果你的習慣是不斷摩擦大拇指指甲平坦的部位，這習慣用到你的大拇指指甲以及中指的指甲（你用來摩擦或抓的手指）。你的阻擋計畫看來起大概像這樣：

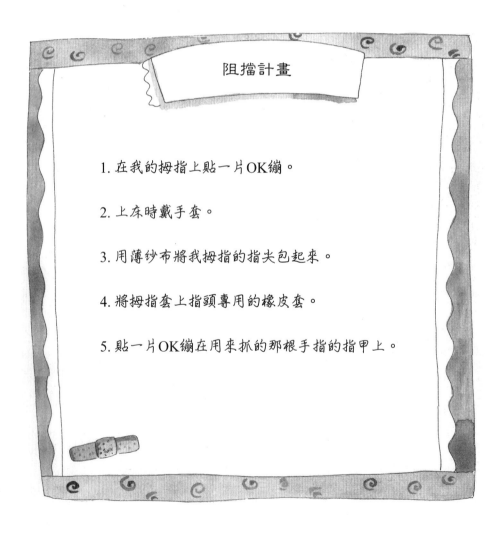

阻擋計畫

1. 在我的拇指上貼一片OK繃。

2. 上床時戴手套。

3. 用薄紗布將我拇指的指尖包起來。

4. 將拇指套上指頭專用的橡皮套。

5. 貼一片OK繃在用來抓的那根手指的指甲上。

或者，你的習慣是去拔頭部後面的頭髮。你會用到頭髮、手指，有時候還會用到鑷子。

阻擋計畫

1. 戴頂帽子或包上頭巾，即使晚上也一樣。

2. 將頭髮往後梳，紮成馬尾或編辮子。

3. 手指（拇指和食指）貼上OK繃。

4. 戴上手指專用的橡皮套。

5. 手指塗上乳液，頭髮塗上潤髮油，讓頭髮變得滑溜溜，不好抓。

6. 請爸爸、媽媽將鑷子藏起來。

有時候，阻擋一個習慣最明顯的方式不是很可行，尤其是當這個習慣牽涉到嘴巴時。

不要讓這情況妨礙到你。你可以把指甲蓋起來，讓你不能咬它；或選擇穿領子沒有彈性的衣服，這樣一來你就不能咬到衣服。發揮你的創意！總是有很多事情可以用來阻擋你的習慣。

 將你的阻擋計畫寫在這裡。

阻擋計畫

1._____

2._____

3._____

4._____

5._____

6._____

請翻到本書後面第79頁，寫著「打破習慣之鑰」那裡。找到第一把鑰匙，並將它標為「阻擋鑰匙」。

 在這把鑰匙旁邊的空格上，寫下你的「阻擋計畫」。

五把鑰匙中，你現在已經有第一把鑰匙了。馬上開始用它吧！

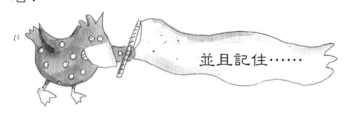

並且記住……

高個子會擋著你不能看

百頁窗可以遮擋陽光

警察可以擋下罪犯

你也可以阻擋你的習慣

第四章

二號鑰匙：好忙、好忙！

習慣有一點很有用處，就是它會一直讓你的手，或有時候讓你的嘴巴忙個不停。所以，第二把鑰匙就是關於忙碌。

請解出這個謎語來找出這把鑰匙的名字。
是ㄇㄤˊ不是盲，
每ㄍㄜ˙人都趕，
事情做ㄅㄨˋ完，
ㄊㄧㄥˊ下我就慢。

—— —— —— ——

想出來了嗎？請翻頁吧！

沒錯！你的第二把鑰匙就是「**忙個不停**」。

　　很多孩子的雙手和嘴巴都需要動一動，而且還動個不停。他們的手需要東摸西摸，或擠東西，或抓東西。嘴巴需要咬東西，或吸東西，或嚼東西。這不是什麼讓人羞恥的事，你也不必對自己的手或嘴巴生氣。那也不是它們的錯！有些孩子就是這個樣子。如此而已。

　　可是，與其做一些讓表皮疼痛，讓牙齒變彎，或讓你的衣服上濕答答的一塊；與其把蚊子包抓破，讓它發炎，或將頭髮一直轉到打結為止；與其不斷地對你的雙手和嘴巴說「不！不！不！」（而我們都知道這一點都行不通），你必須讓自己用另一種方式忙個不停。

　　這就是「忙個不停」這把鑰匙派得上用場的時候。

36

　　有許多種方式可以讓你忙個不停——讓你的手和嘴巴忙個不停。最主要的關鍵是做一些有趣、好玩的事。例如：吃西瓜，既可以讓你的手，也可以讓你的嘴巴忙個不停。

　　但實際上，你不能在考試的時候吃西瓜，也不能在車子上，也不能在教堂裡。而且你也不會想整天吃個不停。

　　因此，關鍵是找出一些你可以隨時做的事，或至少在你需要的時候，就可以常常做的事，而且是在適當的場所可以做的事。在考試的時候，在車上，在教堂裡，都可以做。

要讓這把鑰匙發揮作用，想一想，你常常在哪些地方做你的習慣？而且你在這些地方做些什麼事？這就叫做你的「危險區域」。你的清單看起來可能像這樣：

危險區域
1. 坐在廚房餐桌前，做功課。
2. 晚上躺在床上，想辦法入睡。
3. 坐在車裡，沒事做。
4. 窩在沙發上，看電視。
5. 站在外野，等著有球飛過來。

 請將你的危險區域寫到下面的空格中。（之後我們馬上會寫一些讓你忙個不停的點子。）

危險區域	忙碌的點子	
1. _____		
2. _____		
3. _____		
4. _____		
5. _____		
6. _____		

看一看下面的忙碌點子，或發揮你的想像力，想出一些讓你在自己的每一個危險區域中可以忙個不停的點子。

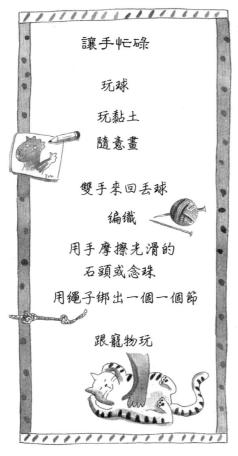

讓手忙碌

玩球

玩黏土

隨意畫

雙手來回丟球

編織

用手摩擦光滑的

石頭或念珠

用繩子綁出一個一個節

跟寵物玩

讓嘴巴忙碌

咬口香糖

含硬糖果

咬一根吸管

一點一點地咬

生義大利麵

吹奏樂器

練習吹口哨

用牙線剔牙

唱歌

用舌頭數數看牙齒有幾顆

練習捲舌頭

 將你最喜歡的忙碌點子寫在上一頁你的「危險區域」旁邊。你也可以加上自己的點子。要發揮創意喔！

　　將你的忙碌活動所需要用到的材料放到你的危險區域裡。
例如：把橡皮球或黏土放在電視旁邊。書包裡放一根吸管。坐車
時帶著MP3，可以跟著唱。要確定這些東西放在你最需要它的地
方。

很重要

一進到你的危險區域，就馬上拿起你的忙碌工具。

如果你的習慣是做功課時咬衣服，那麼就在拿出功課之*前*，就將一片口香糖塞到嘴巴裡。如果你習慣坐車時抓皮膚上的小包包，拿出一根備用的鞋帶，並在你扣安全帶的同時，挑戰自己是否能打40個結。

不要等到你已經開始做自己的習慣時，才開始做這些讓你忙碌的點子。要在你的習慣有任何機會開始之前，就使用這些忙碌的點子。

 請翻到第79頁的「打破習慣之鑰」那裡，將第二把鑰匙標為「忙個不停」。

 將你的忙碌活動寫在這把鑰匙的旁邊。

現在，馬上就開始使用這把「忙碌鑰匙」，來讓你的雙手（或嘴巴）快樂地忙個不停吧！

 並且記住……

要認識你自己的___ ___ ___ ___ ___ ___

___ ___ ___ ___ ___．

ㄨㄟˇ ㄒㄧㄢˇ ㄑㄩ ㄩˋ

當你進到這些區域時，要讓你的雙手或嘴巴

___ ___ ___ ___

    ㄇㄤˊ ㄍㄜ˙ ㄅㄨˋ ㄊㄧㄥˊ

要在你真正需要這些忙碌

___ ___ ___ ___ ___ ___

      ㄓ ㄑㄧㄢˊ 工具

就開始使用它們。

42

第五章

三號鑰匙：抓呀！扯呀！嚼呀！

又吸、又抓、又捲。又啃、又扯、又嚼。你的雙手和嘴巴的確想要一直做這些事，就好像它們有自己的心思一樣。這就是為什麼你需要這第三把鑰匙。

解開這個謎語來找出第三把鑰匙的名字。如果你認為已經知道，請翻到下一頁。

你的第三把鑰匙：

有時候摸摸

有時候剝剝

有時候抓抓

有時候挖挖

有時候吸吸

有時候拉拉

沒錯！這就是……

ㄅㄨㄥˋ　ㄗㄨㄛˋ啦！

哈！那是可以代表「行動」的另外一個字啦！

43

你的第三把鑰匙就是「動作」鑰匙。

你可能已經注意到，你的身體習慣都是用「動詞」開始的。

你啃你的指甲，或扯你的腳指甲；摳你的皮膚，或吸你的拇指。

你舔嘴唇，或挖蚊子包，或不斷一次又一次地抓手上的某一點。

 請圈出描寫你的習慣的那些動詞。

　　你所圈起來的字，就是你的習慣所做的動作。這是你用手或嘴巴所做的動作，這動作讓你覺得很舒服，但其他人可能沒辦法明白這一點。這動作讓你平靜下來，或讓你在某方面感到很放鬆。

　　可是，它也會讓你覺得很痛，讓你的皮膚一直好不了。所以，訣竅就是要找出一些可以做同樣的動作、但又不會讓你受傷的活動。找一些別的東西來咬或扯、來抓或啃。一些你身體以外的東西。

像這樣：

如果你習慣吸拇指

你可以改成：

吸手杖糖

用一根吸管去吸果醬

吸一條乾淨的濕毛巾

從小酒杯小口小口吸白開水

如果你習慣用牙齒去撕扯指甲

你可以改成：

用牙齒去撕扯魷魚絲

用牙齒去撕扯鳳梨乾

用牙齒去撕扯牛肉乾

如果你習慣拔頭髮

你可以改成：

拔花園裡的雜草

拔毛毯上的小毛球

拔舊洋娃娃的頭髮

拔雞毛撢子上的羽毛

如果你喜歡摳皮膚

你可以改成：

摳盒子上的貼紙

摳保麗龍球上的顆粒

摳套頭毛衣上的小毛球

摳塗在塑膠盒上的指甲油

當你在想自己的習慣動作時，去向父母要一條他們不用的乾淨毛巾。去抓那條毛巾，或磨它，或吸它。無論你的習慣動作是什麼，就對著那條毛巾做——而不是對你的身體做。然後再想想，還有什麼其他東西可以代替這條毛巾？有什麼東西的硬度、軟度、或濕度是剛剛好的？有什麼東西在抓、或磨、或嚼時，會讓你覺得很舒服的？

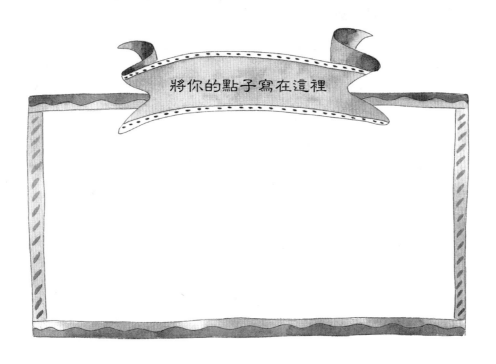

將你的點子寫在這裡

請翻到第79頁的「打破習慣之鑰」那裡，將第三把鑰匙標為「動作」。

在鑰匙的旁邊，寫下三個你最喜歡的動作點子。

馬上開始使用這個動作鑰匙，每天故意做兩次（更多次更好）。每一次你非常想做自己的習慣時，就使用這把「動作」鑰匙。或計劃好在進到你的危險區域之前，就開始使用它。

並且記住……

😣 啃指甲痛到死

😊 啃麵條、種子、和三明治

😣 吸手指、衣領、或衣袖

😊 吸布丁吧，這個你有

😣 扭頭髮，打結一團糟

😊 扭繩子，好玩又搞笑

第六章

四號鑰匙：醒來、起床、振作

爲什麼有些人會喜歡啃指甲，而另一些人則喜歡拔頭髮？或抓皮膚？或舔嘴唇？當你某個身體部位需要額外的**關注**時，這類的習慣就形成了。

這就是第四把鑰匙的名字。

千呼萬ㄏㄨㄢˋ 都不出來，

原來是睡到叫不 ㄒㄧㄥˇ。

———　———　———　———　———

你的第四把鑰匙就叫做「喚醒」。

這把鑰匙給你的身體一些事情做，去刺激那些需要額外關注的地方，讓它活起來，有精神。

要怎麼用它？比如說，你有吸拇指或咬衣服的習慣。這表示，你的嘴巴需要額外的關注，需要一些刺激來讓它感到愉快。所以，偶而吃飯時，你可以不要吃平常那些無聊的食物，而試試看下面的東西：

不同材料
凹凸不平：
　　種子、全麥餅乾
脆：
　　芹菜、胡椒粒
多汁：
　　西瓜、梅子

不同口味
酸：
　　青蘋果、檸檬
鹹：
　　鹹餅乾
重口味：
　　濃縮果汁、醃黃瓜

不同動作
嚼：
　　葡萄乾、口香糖
吸：
　　從吸杯中吸食優酪乳
啜食：
　　一束一束地啜食義大利麵

而且如果不是吃飯時間，你還
是可以一直讓自己的嘴巴動個
不停：

咬吸管或橡膠玩具

用漱口水或鹽水漱口

用舌頭到處舔牙齒

橡膠玩具

漱口

梅子

橡膠鴨

用舌頭舔牙齒

口香糖

GUM

葡萄乾

吸管

餅乾

檸檬

如果需要額外關注的地方是頭皮，你可以：

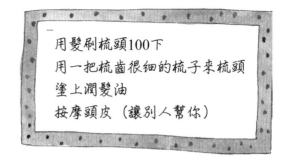

用髮刷梳頭100下
用一把梳齒很細的梳子來梳頭
塗上潤髮油
按摩頭皮（讓別人幫你）

如果你的指尖或指甲需要一些動作，你可以：

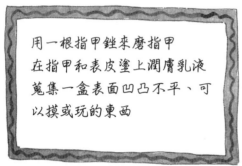

用一根指甲銼來磨指甲
在指甲和表皮塗上潤膚乳液
蒐集一盒表面凹凸不平、可
以摸或玩的東西

拉鏈　念珠　菜瓜布

如果你的皮膚需要一點刺激，你可以：

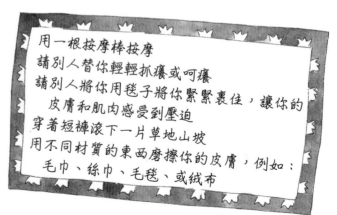

用一根按摩棒按摩
請別人替你輕輕抓癢或呵癢
請別人將你用毯子將你緊緊裹住，讓你的
　　皮膚和肌肉感受到壓迫
穿著短褲滾下一片草地山坡
用不同材質的東西磨擦你的皮膚，例如：
　　毛巾、絲巾、毛毯、或絨布

將你的習慣會用到的身
體部位塗上顏色或
畫出來。

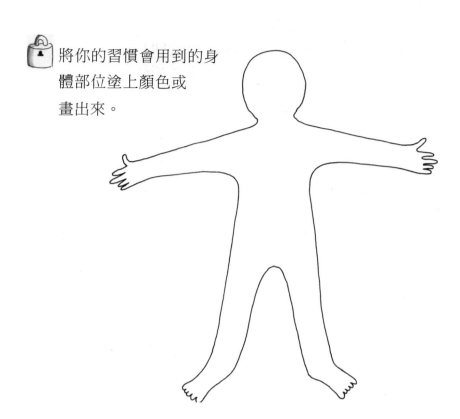

 你可以做哪三件事來喚醒這些身體部位？

我可以刺激這些身體部位的三件事：

1.＿＿＿＿＿＿＿＿＿＿＿＿＿＿＿＿

2.＿＿＿＿＿＿＿＿＿＿＿＿＿＿＿

3.＿＿＿＿＿＿＿＿＿＿＿＿＿＿＿

無論你覺得需不需要，這把「喚醒」鑰匙每天至少要用二次。大部分孩童覺得在固定的時間使用它很有幫助，早上一次，稍後一次。用更多次，效果也會更好。

 請翻到第79頁的「打破習慣之鑰」那裡，將第四把鑰匙標為「喚醒」。

 在鑰匙的旁邊，寫下三個你最喜歡的喚醒點子。

　　今天就馬上開始用你的「喚醒」鑰匙。那些刺激又不一樣的感覺會讓你覺得很舒服，而且另一條鎖鏈會鬆開。

並且記住……

一天用兩回就可以跟壞習慣說再會。

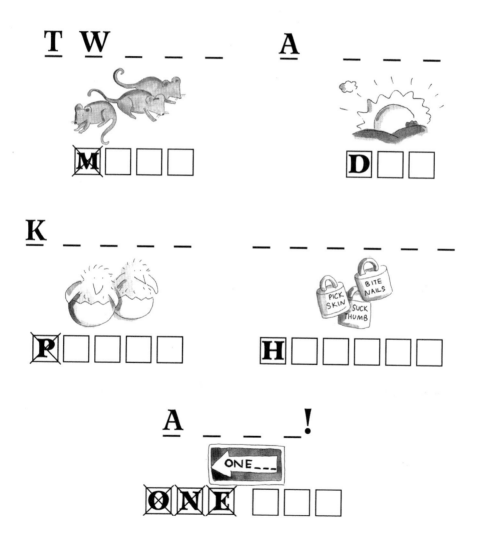

T W _ _ _   A _ _ _

M□□□   D□□

K _ _ _ _ _

P□□□□   H□□□□□

A _ _ _ _!

ONE□□□

55

第七章
五號鑰匙：排除壓力

一般人會假設那些有身體習慣的孩子都很緊張。事實上，你可能有聽過啃指甲、抓皮膚、和這些所謂的「**緊張**」習慣。但不是所有會啃、會扭、會抓、會拉、會磨、和會嚼的孩子都很緊張。相反的，有些孩子反而覺得無聊，或挫折，或興奮，或傷心，或疑惑時才做這些事。

這就是該用下一把鑰匙的時候了。

將下面的表情和形容這些表情的字眼連在一起。

並想出所有這些表情可以總稱為什麼？

答案就是　ㄍㄢˇ　ㄐㄩㄝˊ。

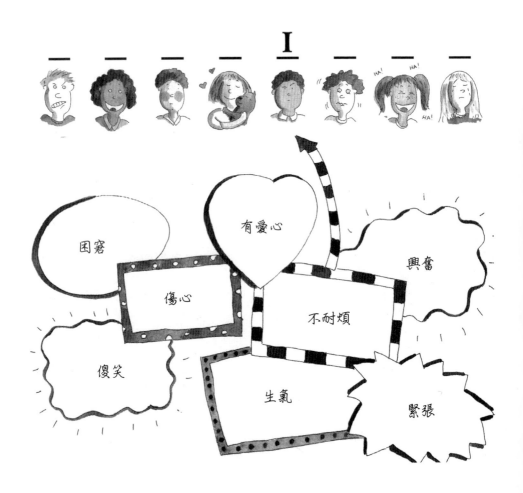

第五把（最後一把）鑰匙就叫「**感覺**」鑰匙。

我們都會去感覺一些東西，而且幾乎隨時都在感覺。有時候，我們的感覺很小，而我們幾乎不會注意到它們。有點開心，有些無聊。

但有些時候，我們的感覺很大。**生氣！傻笑！困窘！**當我們的感覺很大時，它就占住很大的地方。

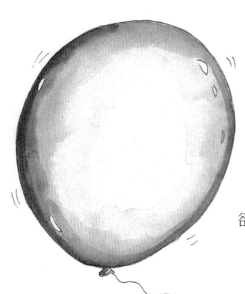

就像一個正在充氣的氣球一樣，裝得下很多氣。但如果一直不斷地充氣，最後氣球會爆炸！

人也像這樣！我們可以有很多種感覺，但有時候，卻太多了。

當氣球太脹時，解決方法很簡單。把氣球口打開一些些，放掉一些氣就好。

可是在人身上，這可沒那麼容易。一方面是因為要放掉的不是空氣，而是**壓力**。當我們在感受某些感覺時，身體內就會形成壓力。一點點壓力是好事，它幫助我們感到有精神和活力充沛。但太多壓力會讓我們覺得很難受，所以必須要把它釋放出來。

釋放壓力的方法有很多。大笑、大哭、說話、唱歌、跑來跑去，都可以將壓力從我們的身體排除掉。

習慣也可以排除壓力。事實上，一旦習慣被鎖定之後，它就變成了可以很快又很容易將我們的感覺縮小的一種方式。

有時候，習慣能釋放壓力的方式很明顯。比如說，對許多人而言，吸東西很有安撫的作用。這個動作有一種節奏，讓人感到鎮定。摩擦和扭捲東西的動作也一樣。

可是那些造成疼痛的習慣呢？難道把皮膚抓破或用力拔根頭髮也會有安撫的作用嗎？

事實上，的確有。不是在抓或拔的當時，而是在做完這動作之後。這類的動作會造成一種既急速又尖銳的疼痛感，對許多孩子而言，接下來就是放鬆的感覺。這股尖銳的痛感釋放了壓力，而在壓力被釋放之後，那種放鬆的感覺就將習慣鎖死了。

所以，如果你有一個這類的習慣，你還需要透過不斷弄痛自己來改掉這個習慣嗎？

不，你絕對不必這麼做。因為有很多其他方法可以有幫助。這就是為什麼你要有這把「感覺」鑰匙的原因。

這是一些可以和「感覺」鑰匙一起使用的活動。這些活動都可以釋放壓力，將很大的感覺縮小到可以掌控的大小。

感覺鑰匙活動

跳彈簧床
看好笑的節目並大聲笑出來
投籃球
嚼口香糖
練瑜珈
跳舞（節奏快的那種）
慢慢地深呼吸
跑步、騎腳踏車、游泳
很慢很慢地撫摸小貓
伸懶腰
溜滑輪車、溜冰、溜滑板
快步走
盪鞦韆
坐搖木馬
唱歌
跳繩
和能幫助你的人說話
將自己的感覺寫在日記裡
塗鴉、畫畫、為一幅設計圖上顏色

只要做這些感覺鑰匙活動15分鐘，你就可以排掉過多的壓力。如此一來，你就不需要做那些習慣。

請翻到79頁的「打破習慣之鑰」那裡，將第五把鑰匙標為「感覺」。

在鑰匙的旁邊，寫下三個你最喜歡關於排除壓力的點子。

如果你在進入危險區域之前就使用這把感覺鑰匙，會特別有幫助喔！比如：在坐下來做功課之前，先去騎一下腳踏車。在坐進車子之前，先在鞦韆上盪得高高的。

當你感受到一些很大的感覺時，尤其是沒有人在你旁邊可以和你說話的時候，你也可以用這把鑰匙。傷心的時候，可以摸摸你的貓咪；感到困惑的時候，可以做點瑜珈；生氣的時候，去投籃球。

雖然這些排除壓力的活動不能解決你的問題，但它們可以幫助你將大感覺變成小感覺。如此一來，你就不需要一定得啃指甲或抓破皮膚，心裡才會覺得舒服。

並且記住……

要注意你的ㄍㄢˇ　ㄐㄩㄝˊ，

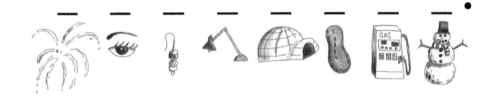

當它們變得太ㄅㄚˋ時，要將壓力釋放出來。

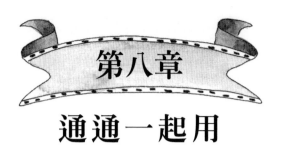

第八章
通通一起用

現在，五把鑰匙你都有了。你的鑰匙圈已經齊全了。

當然，如果你只是把鑰匙放在一旁，它不會為你帶來任何好處。所以，你必須確確實實使用它們，必須一次又一次使用這些「打破習慣之鑰」。

科學家已經發現，我們要花21天才能改掉一個習慣，也就是三個星期。三個星期一直使用五把鑰匙，每天都用。要讓你的鑰匙發揮作用，練習是真正重要的部分。

　　但有時候，練習真的很「難」！

　　這就是獎勵派得上用場的時候。獎勵讓你有事情可以期待，給你一個繼續努力的理由，即使這件事很難。獎勵幫助你一直長久使用這些鑰匙，久到你可以脫離那些習慣為止。

所以，你覺得什麼很好玩？

　　也許你想賺得一次和爸爸上餐廳吃早餐的機會；或和媽媽去玩一次迷你高爾夫球；或可以和朋友一起烤餅乾；或上一次美容院，去修個指甲；或可以例外看電視看到很晚，而這是你平常不准做的事。

　　發揮你的創意。想出一些能激發你練習使用所有五把鑰匙的獎勵。

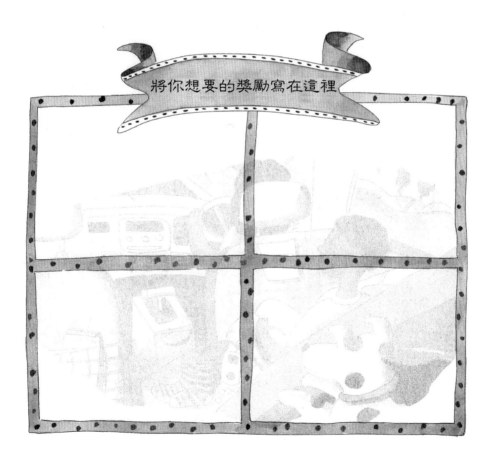

將你想要的獎勵寫在這裡

那麼，你該怎麼做才可以賺到這些很棒的獎勵呢？

看一看本書的最後一頁，即「打破習慣表格」。

將每天的日期填入表格裡，並將你用到的那把鑰匙塗上顏色。你每使用一把鑰匙，就得到1點。如果你用4把鑰匙，就得到4點。就這樣，每天每把鑰匙可以得到1點。只要集到30點，你就可以得到你的獎勵。

如果你一直忘記某把鑰匙，想出一個計畫來幫助你記得它。例如：將OK繃直接放在床邊。拿一個罐子裝滿口香糖，並把它放在你做功課的桌上。在車子裡貼「便利貼」，來提醒自己！

要擺脫習慣，最快的方法是每天都要用到這五把鑰匙。這恰巧也是能最快賺到獎品的方式呢！還有另一個額外的特別獎喔！如果你連續三天都用到五把鑰匙，你可以得到一個特別獎，一些你可以馬上就擁有的東西，或可以馬上做你想做的事。不用等！

　　也許你的爸媽可以準備一個摸彩袋，裡面裝一些小禮物，比如：指甲油、紋身貼紙、還有你最喜歡嚼的口香糖等等。也許你想有多一點用電腦的時間；或想免掉你最不喜歡做的家事。每次你連續三天都用到五把鑰匙，這類的額外獎品就是你的了！

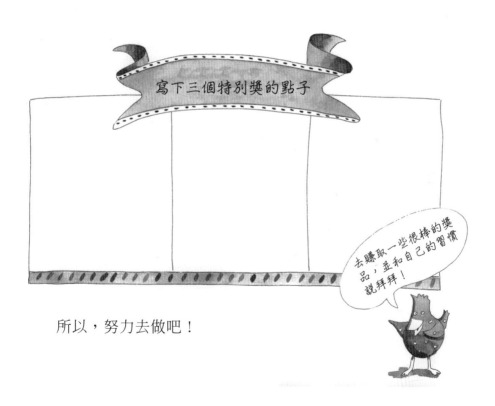

寫下三個特別獎的點子

去賺取一些很棒的獎品，並和自己的習慣說拜拜！

　　所以，努力去做吧！

第九章

進展如何？

你的習慣怎樣了？

　　你可能以為看看自己指甲的長度、頭髮長多少、或皮膚有沒有變好，就能夠告訴你自己有沒有進步。但事實上，這些做法都有一點誤導的作用。

如果你的指甲變長，頭髮也長滿了頭皮，或皮膚變光滑了，很好！這表示你正在擺脫自己的習慣。

　　但如果你的指甲還是凹凸不平，或頭上還有一片頭皮是光禿禿的，或皮膚還又紅又痛，這表示什麼？難道這表示你的計畫失敗了嗎？

　　這可不一定。你可能整整八天都沒有碰你的指甲，然後在第九天，**好玩地**啃了它一下。就是這麼好玩的一下下，讓你的指甲看起來又變糟了。但那好玩的一下下，不管是做什麼，都沒有比那之前的整整八天努力來得重要。

　　所以，你不應該一直把注意力放在指甲有多長，或皮膚和頭髮變得怎樣。相反的，你應該注意的是，你花愈來愈少時間在做自己的習慣！這就是你繼續不斷使用這些鑰匙會發生的事。

可是，萬一情況不是這樣，怎麼辦？萬一你一直有在用這些鑰匙——的的確確有在用——而你的習慣卻還是被鎖得死死的，那該怎麼辦？

首先，第一件該做的事是要確定你真的有常常在使用這些鑰匙，尤其是在你的危險區域裡。有時候，危險區域是會改變的，你要注意這一點，並隨時將鑰匙帶在身邊，準備用它。

如果這還不管用，
那麼你和你的父母要檢
查下面三種可能：

你的習慣真的是
習慣嗎？

也許你的習慣根
本就不是習慣。它可能
是一種抽動症狀。抽動
症狀就是你自己在完全不
知道的情況下，會重複發出一些聲音或重複做一些動作。很快地
眨眼就是一種抽動症狀；或從喉嚨弄出聲音；或一直動肩膀。舔
嘴唇也可能是，一直哼哼唱唱也是。有很多種不同的抽動症狀。

抽動症狀是很普遍的現象，而且它們會自動出現，然後可能
又會自動消失。如果你不確定自己在做的是一種習慣或是抽動症
狀，請跟你的爸媽談談，並去看醫生，他一定可以幫助你解決這
個問題。

大多數抽動症狀是不用治療的。你只要和它們和平共處，直
到它們消失為止。可是當別人向你問起，你為什麼一直聳肩膀、
或哼個不停、或做你的抽動症狀時，學會向別人解釋是很有幫助
的。

即使抽動症狀很普遍，但對孩童和父母而言，那可能是一種壓力。如果你的抽動症狀很嚴重，或如果它會對你和別人造成問題，你的醫生可以幫你找一位治療師或兒童精神科醫師，他會教你認識抽動症狀和如何控制它，或是必要時使用藥物來減少惱人的抽動症狀。

你生活裡有很大的問題嗎？

　　也許你的生活中正發生一些壓力特別大的事。如果是這樣，你可能需要一點額外的協助。

　　也許你家裡有人生病了，或你的朋友對你不好。或許你必須搬家，或常常聽到父母吵架。如果是這類的事情發生，你可能覺得很難靠自己的力量去面對這些事。

　　找一位有愛心的大人，例如你的父母，或老師，或治療師。和他們聊聊你的感覺，並擬定一個對付的計畫。

　　而且如果一些特殊的情況——例如擔心、生氣，或傷心——常常發生在你身上，這些大人能夠幫助你學習如何以不同的方式去處理自己的感覺。把這些重大的問題排除之後，你那些「打破習慣之鑰」會發揮更好的作用。

你很累嗎？

　　也許你睡得不夠。九到十一歲的兒童，每晚需要至少十小時的睡眠。而八歲以下的孩童則需要更多。睡眠不足會以各種方式影響我們。你的大腦和身體會覺得壓力很大，這會讓你更想去啃、去抓、去拔、去吸、或去嚼東西。

　　試試看多睡一點。有充分休息的兒童做所有的事都很容易，包括擺脫習慣。

第十章

保持自由

一旦你從你的習慣中解放出來，你就會
很自由。恭喜！但是千萬不要放掉你的
「打破習慣之鑰」，它們是保持自由的
關鍵秘密。

　　繼續每天運用你的鑰匙，你就會覺
得越來越容易使用，因為你不斷重複
做的事情就會成為一種習慣。因此，
在你使用你的鑰匙三或更多週之後，
它們也會變成習慣——這一次是有幫
助的習慣。

　　你可能會每天在口袋裡放一顆有趣的
石頭，好方便你搭公車時磨擦它，這是基於「忙個不停」鑰匙所
建立的習慣。或者你可能會在上床之前用乳液擦拭你的手腳，這
是對你皮膚的「喚醒」鑰匙習慣。

　　假如你覺得無聊，妳可以回頭看看本書的一些點子，以便找
到使用鑰匙的一些新方法。這些鑰匙是打破習慣並保持自由的終
極答案。堅持下去！

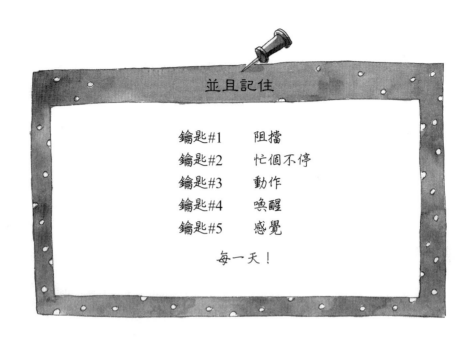

並且記住

鑰匙#1	阻擋
鑰匙#2	忙個不停
鑰匙#3	動作
鑰匙#4	喚醒
鑰匙#5	感覺

每一天！

YO __ __ __ __

__ __ __ __ __ !

你一定做得到！那感覺真的很棒！

打破習慣之鑰

追蹤你的「打破習慣的策略」！每當這本書告訴你翻到這一頁時，你就把你正學到的鑰匙以及附帶的活動名稱寫下來。

阻擋計畫

鑰匙#1

1.＿＿＿＿＿＿＿＿　　4.＿＿＿＿＿＿＿＿
2.＿＿＿＿＿＿＿＿　　5.＿＿＿＿＿＿＿＿
3.＿＿＿＿＿＿＿＿　　6.＿＿＿＿＿＿＿＿

「忙個不停」的活動

鑰匙#2

1.＿＿＿＿＿＿＿＿　　4.＿＿＿＿＿＿＿＿
2.＿＿＿＿＿＿＿＿　　5.＿＿＿＿＿＿＿＿
3.＿＿＿＿＿＿＿＿　　6.＿＿＿＿＿＿＿＿

動作點子

鑰匙#3

1.＿＿＿＿＿＿＿＿＿＿＿＿
2.＿＿＿＿＿＿＿＿＿＿＿＿
3.＿＿＿＿＿＿＿＿＿＿＿＿

喚醒點子

鑰匙#4

1.＿＿＿＿＿＿＿＿＿＿＿＿
2.＿＿＿＿＿＿＿＿＿＿＿＿
3.＿＿＿＿＿＿＿＿＿＿＿＿

感覺釋放法

鑰匙#5

1.＿＿＿＿＿＿＿＿＿＿＿＿
2.＿＿＿＿＿＿＿＿＿＿＿＿
3.＿＿＿＿＿＿＿＿＿＿＿＿

打破習慣

這個表格會幫助你追蹤你有多常使用你的鑰匙，以及你所賺得的獎勵。遵從66頁的指令來看看你如何打破習慣——並且保持自由！

日期	使用的鑰匙	點數	日期	使用的鑰匙	點數
	阻擋 忙個不停 動作 喚醒 感覺			阻擋 忙個不停 動作 喚醒 感覺	
	阻擋 忙個不停 動作 喚醒 感覺			阻擋 忙個不停 動作 喚醒 感覺	
	阻擋 忙個不停 動作 喚醒 感覺			阻擋 忙個不停 動作 喚醒 感覺	
	阻擋 忙個不停 動作 喚醒 感覺			阻擋 忙個不停 動作 喚醒 感覺	
	阻擋 忙個不停 動作 喚醒 感覺			阻擋 忙個不停 動作 喚醒 感覺	
	阻擋 忙個不停 動作 喚醒 感覺			阻擋 忙個不停 動作 喚醒 感覺	
	阻擋 忙個不停 動作 喚醒 感覺			阻擋 忙個不停 動作 喚醒 感覺	
	阻擋 忙個不停 動作 喚醒 感覺			阻擋 忙個不停 動作 喚醒 感覺	
	阻擋 忙個不停 動作 喚醒 感覺			阻擋 忙個不停 動作 喚醒 感覺	
	阻擋 忙個不停 動作 喚醒 感覺			阻擋 忙個不停 動作 喚醒 感覺	
	阻擋 忙個不停 動作 喚醒 感覺			阻擋 忙個不停 動作 喚醒 感覺	
	阻擋 忙個不停 動作 喚醒 感覺			阻擋 忙個不停 動作 喚醒 感覺	
	阻擋 忙個不停 動作 喚醒 感覺			阻擋 忙個不停 動作 喚醒 感覺	
	阻擋 忙個不停 動作 喚醒 感覺			阻擋 忙個不停 動作 喚醒 感覺	
	阻擋 忙個不停 動作 喚醒 感覺			阻擋 忙個不停 動作 喚醒 感覺	

國家圖書館出版品預行編目資料

壞習慣改不掉怎麼辦？：幫助孩子克服咬指甲
等壞習慣／Dawn Huebner著；陳碧玲,陳信昭
譯.--二版--.--臺北市：書泉出版社,2022.09
　　面；　公分
譯自：What to do when bad habits take hold:a
kid's guide to overcoming nail biting and more
ISBN 978-986-451-273-7（平裝）
1.CTS：兒童心理學　2.CTS：習慣　3.CTS：通
俗作品
173.1　　　　　　　　　　　　　111010957

3IC1

壞習慣改不掉怎麼辦？
幫助孩子·克服咬指甲等壞習慣

作　　　者 ―	Dawn Huebner
繪　　　者 ―	Bonnie Matthews
譯　　　者 ―	陳碧玲　陳信昭
發 行 人 ―	楊榮川
總 經 理 ―	楊士清
總 編 輯 ―	楊秀麗
副總編輯 ―	黃文瓊
責任編輯 ―	李敏華
封面設計 ―	姚孝慈
出 版 者 ―	書泉出版社

地　　　址：106臺北市大安區和平東路二段339號4樓

電　　　話：(02)2705-5066　　傳　　　真：(02)2706-6100

網　　　址：https://www.wunan.com.tw

戶　　　名：書泉出版社

總 經 銷：貿騰發賣股份有限公司

電　　　話：(02)8227-5988　　傳　　　真：(02)8227-5989

網　　　址：http://www.namode.com

法律顧問　林勝安律師事務所　林勝安律師

出版日期　2010年7月初版一刷（共三刷）
　　　　　2022年9月二版一刷

定　　　價　新臺幣200元

經典永恆・名著常在

五十週年的獻禮 —— 經典名著文庫

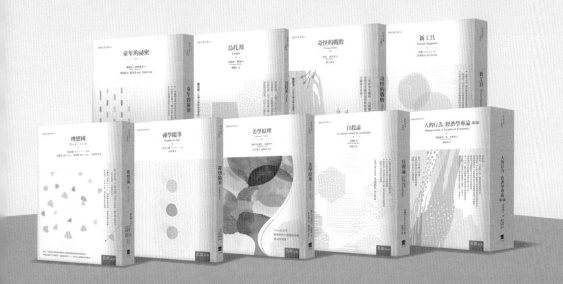

五南，五十年了，半個世紀，人生旅程的一大半，走過來了。

思索著，邁向百年的未來歷程，能為知識界、文化學術界作些什麼？

在速食文化的生態下，有什麼值得讓人雋永品味的？

歷代經典・當今名著，經過時間的洗禮，千錘百鍊，流傳至今，光芒耀人；

不僅使我們能領悟前人的智慧，同時也增深加廣我們思考的深度與視野。

我們決心投入巨資，有計畫的系統梳選，成立「經典名著文庫」，

希望收入古今中外思想性的、充滿睿智與獨見的經典、名著。

這是一項理想性的、永續性的巨大出版工程。

不在意讀者的眾寡，只考慮它的學術價值，力求完整展現先哲思想的軌跡；

為知識界開啟一片智慧之窗，營造一座百花綻放的世界文明公園，

任君遨遊、取菁吸蜜、嘉惠學子！